LE
LIEUTENANT NAPOLÉON BONAPARTE
ÉTUDIANT A STRASBOURG

PAR

G. PARISET

Extrait de la *Revue historique*,
Tome CXXV, année 1917.

(*Les tirages à part ne peuvent être mis en vente.*)

PARIS
1917

LE
LIEUTENANT NAPOLÉON BONAPARTE
ÉTUDIANT A STRASBOURG

PAR

G. PARISET

Extrait de la *Revue historique*,
Tome CXXV, année 1917.

(Les tirages à part ne peuvent être mis en vente.)

PARIS
1917

LE
LIEUTENANT NAPOLÉON BONAPARTE
ÉTUDIANT A STRASBOURG

Dans une courte notice biographique qu'il a intitulée *Époques de ma vie*[1], Napoléon Bonaparte fournit quelques indications dont on semble d'accord aujourd'hui pour admettre qu'elles fixent définitivement la chronologie de sa jeunesse. Les deux dernières des dates que donnent les *Époques de ma vie* mentionnent un voyage de Bonaparte en Corse « où je suis arrivé le 1ᵉʳ janvier 1788, d'où je suis parti le 1ᵉʳ juin pour Auxonne ».

Qu'en est-il exactement de ce séjour de Bonaparte en Corse en 1788[2]? A-t-il duré juste six mois, sans un jour de plus ni de moins? Il suffira de constater ici que la date d'arrivée à Auxonne recule à mesure que les informations se précisent. Amanton la fixe à fin 1785[3],

---

1. Texte et fac-similé dans Masson et Biagi, *Napoléon inconnu*, Paris, 1895, 2 vol. in-8°, t. I, p. 15 et suiv., ou Masson, *Napoléon dans sa jeunesse*, Paris, 1907, in-8°, p. 15 et suiv. Le document a été signalé par Libri, *Souvenirs de la jeunesse de Napoléon*, Revue des Deux Mondes du 1ᵉʳ mars 1842, t. XXIX, p. 786 et 791, n. 1.

2. De R(omain), *Souvenirs d'un officier royaliste*, t. I, Paris, 1824, in-8°, p. 117, rapporte, il est vrai, une conversation qu'il eut avec Napoléon « lorsqu'en 1788 M. Buonaparte, nommé depuis peu lieutenant d'artillerie, arriva en Corse pour y passer son semestre ». La conversation paraît authentique, mais la date est douteuse. Bonaparte n'était pas « depuis peu » lieutenant d'artillerie et son congé de semestre se place non en 1788, mais en 1786-87. D'ailleurs, comme Romain se trouvait alors en Corse (Masson, *Napoléon inconnu*, t. I, p. 201, n. 1, cf. p. 199, n. 1), la conversation dont il parle peut dater de 1787. Au surplus, quand Romain, par une allusion exacte au rôle de Bonaparte à Ajaccio en octobre 1789, dit, p. 119, que celui-ci apporta, « deux années plus tard », dans son pays l'art « de fomenter les révolutions », il reporte lui-même à 1787 l'entretien qu'il a daté par erreur de 1788.

3. C.-N. Amanton, *Observations sur l'histoire de Napoléon*, Paris, 1827, 23 p. in-8°, p. 6 et suiv. Plusieurs des détails anecdotiques sur la vie de Bonaparte à Auxonne proviennent de cet opuscule d'Amanton (qui fut, au Consulat, adjoint au maire d'Auxonne).

Coston au 1ᵉʳ mai 1788¹, Iung à la fin mai², Masson³ et Chuquet⁴ après le 1ᵉʳ juin. Bonaparte est porté comme absent par congé dans l'état de revue de son régiment à Auxonne le 31 mai, et ce n'est qu'en août et au 1ᵉʳ septembre que sa présence apparaît comme certaine⁵. Bonaparte avait quitté son régiment en congé de semestre le 1ᵉʳ septembre 1786, il l'a rejoint sans se presser, et même en admettant qu'il n'a quitté la Corse que le 1ᵉʳ juin 1788, il est permis de supposer qu'il a bien mis deux mois pour arriver à destination.

Le congé de semestre avait duré huit mois et demi, jusqu'au 16 mai 1787; une première prolongation de cinq mois et demi demandée le 21 avril 1787 menait jusqu'au 31 octobre et, le 7 septembre, une deuxième prolongation de six mois allait du 1ᵉʳ décembre 1787 au 31 mai 1788⁶. Les dates données par Bonaparte coïncident avec ses notes officielles de service plus exactement peut-être qu'avec ses déplacements. Il a pu en arriver de la deuxième prolongation comme de la première qui s'est accrue d'un mois supplémentaire de congé, du 1ᵉʳ au 30 novembre 1787, comme du congé de semestre qui a duré plus de six mois. Bref, l'état actuel de la documentation laisse dans la vie de Bonaparte en 1788 un trou d'un trimestre, sinon plus⁷.

1. De Coston, *Biographie des premières années de Napoléon Bonaparte*, Paris, 1840, 2 vol. in-8°, t. I, p. 121; de même Pichard, *Napoléon Bonaparte à Auxonne*, 1ʳᵉ édit., Auxonne, 1847, 96 p. in-8°, p. 1, n. 1 (Pichard était maire d'Auxonne; sur ses rapports avec Coston, cf. Masson, *Napoléon inconnu*, t. I, p. 211, n. 1).

2. Th. Iung, *Bonaparte et son temps*, t. I, Paris, 1880, in-16, p. 184 et suiv.; de même Larrey, *Madame Mère*, t. I, Paris, 1891, in-8°, p. 161.

3. Masson, *Napoléon inconnu*, t. I, p. 204 : « Napoléon n'est parti pour Auxonne que le 1ᵉʳ juin. La date suffit. »

4. A. Chuquet, *la Jeunesse de Napoléon*, t. I, 2ᵉ édit., Paris, 1898, in-8°, p. 304.

5. Voir les références données à leur date par A. Schuermans, *Itinéraire général de Napoléon Iᵉʳ*, Paris (1908), in-8°, p. 6.

6. Iung, *Bonaparte et son temps*, t. I, p. 175, 181, 182 et suiv.; Masson, *Napoléon inconnu*, t. I, p. 170 et 178; Chuquet, *la Jeunesse de Napoléon*, t. I, p. 480 et suiv.; cf. p. 299, 300 et 304-305. D'après l'état de revue du régiment du 24 juin 1787, la première prolongation de congé est seulement de « trois mois et demi à compter du 16 mai » : elle devait donc prendre fin le 1ᵉʳ septembre; mais d'après l'état du 24 août, la prolongation s'étend « jusqu'au 1ᵉʳ décembre prochain » : il faut donc supposer qu'il y a eu une prolongation intercalaire de trois mois ou que le congé de cinq mois et demi a été étendu par indulgence jusqu'au 1ᵉʳ décembre. Le libellé des états de revue du 17 octobre et du 30 décembre 1787, du 24 février, du 27 avril et du 31 mai 1788 ferait pencher pour la première hypothèse si le texte des demandes de Bonaparte ne s'accordait mieux avec la deuxième hypothèse.

7. Est-ce à dessein que Schuermans, dont on connaît la minutieuse exacti-

Or, c'est vers cette date qu'une tradition, aujourd'hui considérée comme mal fondée, rapporte que Bonaparte a résidé à Strasbourg[1]. Il y serait tombé amoureux d'une cantatrice célèbre, la Saint-Huberty, et lui aurait adressé quelques vers si bien tournés qu'ils sont évidemment apocryphes, encore qu'ils nous aient été transmis d'abord par la duchesse d'Abrantès sous la caution du « duc de Bassano, qui a la certitude qu'ils sont réellement de l'Empereur[2] ». Mais, outre que la duchesse d'Abrantès n'apporte point un témoignage de garantie suffisante, c'est à Marseille ou à Aix et non à Strasbourg qu'elle localise l'anecdote, vers 1786, quand Napoléon avait « dix-sept ans » et qu'il était « dans toute la verdeur de la jeunesse et conséquemment des illusions ».

La cantatrice était née en 1756 à Strasbourg, d'où elle se fit enlever à quinze ans par un aventurier messin surnommé Saint-Huberty. Devenue pensionnaire de l'Académie royale de musique à Paris, elle consacrait son congé annuel d'été à des tournées en province. Elle se rendit trois fois à Aix-Marseille, en 1783, 1785 et 1787[3]. Les vers attribués à Bonaparte font allusion au rôle de Didon qu'elle a créé en octobre 1783[4]; ils sont donc postérieurs au premier voyage et ils ne peuvent dater du deuxième voyage, car Bonaparte était alors élève à l'école militaire de Paris; mais il est possible que la Saint-Huberty ait eu Bonaparte parmi ses spectateurs à son troisième voyage en 1787. Peu auparavant, en mars 1787, elle s'était rendue sans permission à Strasbourg; un ordre la suivit aussitôt pour lui interdire de jouer; on ignore s'il l'atteignit

tude, termine à septembre 1787 (p. 5) l'intitulé de son premier chapitre : « L'enfance et la jeunesse », et fait débuter à juin 1788 (p. 6) son deuxième chapitre : « La formation militaire »? Nous ne savons; mais c'est dans cette longue solution de continuité que se placent les trois voyages actuellement niés de Bonaparte à Douai, à Paris et à Strasbourg et c'est surtout de fin novembre 1787 au début d'août 1788 qu'on voudrait des indications moins rares pour corroborer les assertions des *Époques de ma vie*.

1. Masson, *Napoléon inconnu*, t. I, p. 203 : « Il existe une légende suivant laquelle Napoléon se serait trouvé en 1788 à Strasbourg, où il aurait, au théâtre, applaudi la Saint-Huberty » (de même Schuermans, *Itinéraire*, p. 6, n. 1). Nous n'avons pu déterminer l'origine de cette « légende ».
2. Duchesse d'Abrantès, *Mémoires*, 2ᵉ édit., Paris, 1835, 12 vol. in-8°, t. X, p. 392 et suiv.
3. A. Mouttet, *la Saint-Huberty au théâtre d'Aix*, Aix-en-Provence, 1893, 23 p. in-8° (tirage à part des *Mémoires de l'Académie d'Aix*, fait partie de la série intitulée : *Autour de Mirabeau*, inaugurée par l'auteur en 1877).
4. E. de Goncourt, *Madame Saint-Huberty*, Paris, 1885, in-16. Le 16 octobre (p. 98) ou le 6 (p. 245).

à temps et si elle put donner des représentations dans sa ville natale[1]. Dans l'été de 1788, elle fit sa tournée habituelle en province et joua à Dijon[2].

Bref, si, pour admettre le passage de Bonaparte à Strasbourg vers le milieu de 1788, il n'existait pas d'autre présomption que le madrigal transcrit par la duchesse d'Abrantès, la « légende » serait assurément inexacte.

* * *

Mais Metternich nous apporte un témoignage dont la précision réclame un examen attentif[3]. « Dans le courant de l'été 1788 », raconte-t-il, « nous fûmes envoyés (lui et son frère cadet) à l'université de Strasbourg[4]... Lorsque j'arrivai dans cette ville, le jeune Napoléon Bonaparte venait de la quitter ; il y avait fini ses études spéciales comme officier au régiment d'artillerie qui était en garnison à Strasbourg. J'eus les mêmes professeurs de mathématiques et d'escrime que lui ; mais ces maîtres ne se rappelèrent le fait que quand ils virent le petit officier d'artillerie devenir successivement grand général, premier consul et empereur. Pendant mon séjour à Strasbourg (1788-1790), je n'entendis jamais prononcer son nom. Lorsque je passai par Strasbourg en 1806, je reçus la visite d'un M. Justet, maître d'armes, qui me dit : « N'est-ce pas un singulier « hasard qui m'a appelé à vous donner des leçons d'escrime peu de « temps après en avoir donné à Napoléon ? J'espère que mes élèves, « l'Empereur des Français et l'ambassadeur d'Autriche à Paris n'au- « ront pas l'idée de se battre. » A quoi M. Masson objecte[5] : « Ce témoignage semble précis et pourtant il est impossible de l'admettre. Tout au plus pourrait-on supposer que ce maître d'armes, ayant donné des leçons à Bonaparte à Valence[6], était venu ensuite s'établir à Strasbourg ; mais il n'est fait nulle mention de lui dans aucun document. »

Pourtant, il suffit d'ouvrir l'*Almanach d'Alsace* pour constater qu'en 1782 et 1783 il y avait à Strasbourg trois maîtres d'armes : « M. Grogniès dit Montpellier, derrière la place d'Armes ; M. Justin,

1. E. de Goncourt, *Madame Saint-Huberty*, p. 176 et suiv.
2. Id., *Ibid.*, p. 219, 235 et suiv.
3. Metternich, *Mémoires*, t. I, Paris, 1880, in-8°, p. 6.
4. Les deux jeunes ns ont été inscrits à la *Matricula Serenissimorum et Illustrissimorum* le   novembre 1788 (G. C. Knod, *Die alten Matrikeln der Universitael Strassburg (1621-1793)*, Strasbourg, 1897, 2 vol. gr. in-8°, t. I, p. 52).
5. Masson, *Napoléon inconnu*, t. I, p. 204.
6. Bonaparte a, comme on sait, fait deux séjours à Valence, de novembre 1785 à août 1786 et de juin à septembre 1791.

rue Brûlée; M. Neuville, Grand'Rue¹ », puis deux seulement en 1788 et en 1789 : « M. Justet dit Montpellier, fossé des Tanneurs; M. Dupont, près du Broglie, n° 10². » Justin ou Justet a vraisemblablement pris la suite de son compatriote Grogniès en même temps que son surnom de Montpellier. Plus tard, Pierre Justet figure dans la liste des membres de la « Société de la Révolution » fondée à Strasbourg en janvier 1790³. Cette société, devenue le mois suivant la « Société des Amis de la Révolution », a subi bien des avatars et force épurations; à la fin de 1794 figure encore sur ses contrôles un « Justet cadet, Antoine », âgé de trente-cinq ans, né à Montpellier, admis en mai 1791, qui avant 1789 était maître d'armes à Strasbourg et était devenu ensuite employé aux vivres⁴. Ainsi Pierre Justet a fait sa carrière à Strasbourg; il y a été rejoint, comme associé ou concurrent, par son jeune compatriote, homonyme et probablement parent, Antoine Justet. Antoine réside encore à Strasbourg quand Pierre paraît en avoir disparu⁵. C'est lui vrai-

1. J.-J. Oberlin, *Almanach d'Alsace pour l'année 1782*, Strasbourg, Lorenz et Schouler, p. 287; *pour 1783*, p. 264 (suite de l'*Almanach de Strasbourg*, publié pour 1780 et 1781, qui ne nous a pas été accessible).

2. Ibid., *1788*, p. 269; *1789*, p. 261. Nous n'avons pu consulter les années intermédiaires. L'*Almanach d'Alsace* a encore paru en 1790 et il a été suivi en 1792 par l'*Almanach du département du Bas-Rhin*. M. Rodolphe Reuss, qui a bien voulu dépouiller à notre intention les exemplaires de ses alsatiques, nous informe qu'en *1785* (p. 273) Justet dit Montpellier est mentionné « fossé des Tanneurs » et en *1792* (p. 64) « près du Broglie. » Ultérieurement Bottin, *Annuaire du département du Bas-Rhin pour l'an VII* (et années suivantes), Strasbourg, Levrault, in-12, et P.-J. Fargès-Méricourt, *Annuaire historique et statistique du département du Bas-Rhin pour l'année 1807*, sont surtout administratifs et ne font plus mention des maîtres d'armes.

3. F.-C. Heitz, *les Sociétés politiques de Strasbourg (1790-1795)*, Strasbourg, 1863, in-8°, p. 3. — Pareillement, la pièce que nous signale M. Rodolphe Reuss : *Namens-Verzeichniss saemmtlicher Mitglieder der Gesellschaft der Constitutions-Freunde*, Strasbourg, « im zweiten Freiheitsjahr (avril 1791) », p. 5 : « Peter Justet, Fechtmeister », élu le 23 janvier 1790 (la Société date du 15 janvier 1790).

4. *Liste des membres composans la Société populaire de Strasbourg* dressée le 25 brumaire an III (15 novembre 1794) après épuration (Communication due à l'obligeance de M. R. Reuss).

5. Le citoyen Justin, soldat au 42° ou au 50° régiment d'infanterie, à qui la Convention accordait, entre-temps, le 17 juin 1793, une mention honorable avec une récompense de 600 livres pour un acte de bravoure à l'armée et pour qui un particulier faisait transmettre le 19 juin « une épée à garde d'argent » (*Procès-verbaux de la Convention nationale*, t. XIV, p. 48 et suiv. et p. 226 : lire 126; cf. Duvergier, t. V, p. 427), paraît n'avoir de commun que le nom avec les Justin ou Justet de Montpellier et Strasbourg. — Le registre matricule de la 50° demi-brigade (Archives nationales, F. 40, II, 410) mentionne à la date du 20 nivôse an II (13 janvier 1794) un Théodore Justin, originaire de la Somme.

semblablement qui, en 1799, a offert inutilement des services comme maître d'armes à l'École centrale du Bas-Rhin [1], et c'est lui sans doute encore qui parle à Metternich à Strasbourg en 1806 [2].

Le surnom de Montpellier fournissait une indication d'origine que confirmait la mention faite du lieu de naissance d'Antoine Justet en 1794 : il convenait donc de s'en référer aux archives de l'état civil de Montpellier [3]. On constate qu'il y existait en effet, paroisse Notre-Dame, un « travailleur [4] » nommé « Jacques Justet », ou « Justin », ou « Justi », ou « Justy », marié à « Anne de Loustau », ou « Droustal », ou « de Loustal », ou « de L'Hostal [5] », dont naquirent Baptiste-Jean-André le 3 septembre 1750, Jacques le 16 août 1753, Jeanne le 19 septembre 1756 et Antoine le 2 mars 1760. Il faudrait une coïncidence bien extraordinaire pour que ce dernier ne fût pas le futur maître d'armes de Strasbourg.

En somme, puisque Justet est identifié avec une suffisante certitude, son témoignage tel qu'il nous est transmis par Metternich peut être considéré comme un commencement de preuve.

∗ ∗ ∗

Mais, en admettant qu'il revint de Corse, si Bonaparte a pris vers 1788 la grande route commerciale de Marseille à Strasbourg — celle-là même que devait suivre en sens inverse le *Chant de guerre pour l'armée du Rhin* quatre ans plus tard [6] — ce n'était évidem-

---

1. Délibération de l'administration centrale du département du Bas-Rhin, du 27 floréal an VII (16 mai 1799), vol. CIV des *Délibérations*, aux archives départementales du Bas-Rhin à Strasbourg, transmise par M. Rod. Reuss. — Justet (dont le prénom n'est pas indiqué) et deux autres candidats voient leur demande repoussée parce que seuls les professeurs titulaires de l'École centrale peuvent y faire cours.

2. En 1824, Justet a disparu de la liste des maîtres d'armes à Strasbourg (P.-J. Strohl, *Manuel du commerce, de l'industrie, des sciences et des arts de la ville de Strasbourg*, Strasbourg, 1824, in-12, p. 60 et 160).

3. M. Ernest Roussel, professeur agrégé d'histoire au lycée de Montpellier, a eu la bonté de faire les recherches nécessaires.

4. M. Roussel estime que ce mot est la transcription de *travaladou* qui désigne d'ordinaire le travailleur de terre, l'ouvrier agricole.

5. Archives municipales de Montpellier, registre GG, nos 267, fol. 2 v°, 269, fol. 76 r°, 273, fol. 65 v°, 276, fol. 65 v°. — Pas une seule fois le nom du père ou de la mère n'est orthographié de la même manière et l'identité de Justin avec Justet à Strasbourg s'en trouve confirmée. — Il en résulte aussi que Pierre est distinct d'Antoine. D'ailleurs, on ne s'expliquerait pas autrement qu'à Strasbourg Antoine eût porté le surnom de « cadet ».

6. J. Pollio et A. Marcel, *le Bataillon du 10 août*, Paris, 1881, in-16, p. 95, estiment, après examen des hypothèses, que le *Chant de guerre* — *la Marseillaise* — a été apporté dans le Midi « par des voyageurs de commerce ».

ment pas pour la salle d'armes de Justet. Sans doute voulait-il voyager, voir du pays, s'instruire. Mais il avait d'autres raisons. Metternich parle d'un autre professeur commun ; il ne le nomme pas, mais il est aisé de suppléer à son silence. Il s'agit de Jean-Jérémie Brackenhoffer, professeur de mathématiques à l'université protestante et à l'école d'artillerie de Strasbourg.

Né le 29 juillet 1723 d'une vieille et illustre famille de la ville, Brackenhoffer était devenu le 28 mars 1746 titulaire de la chaire de mathématiques, qu'il occupa jusqu'à sa mort, le 31 août 1789[1]. Louis XVI l'anoblit. Il fut en effet un des principaux collaborateurs de Gribeauval[2], le rénovateur de l'artillerie française après la guerre de Sept ans. A l'école d'artillerie de Strasbourg, il participa dès 1764 aux expériences fameuses sur les nouvelles « bouches à feu » qui firent époque et déterminèrent l'adoption du nouveau matériel dont on sait qu'il resta en usage pendant toute la durée de la Révolution et de l'Empire[3] ; il fit partie en 1766 de la commission réunie à Strasbourg pour la rédaction d'un nouveau manuel officiel d'artillerie[4] et il procédait encore à de nouvelles expériences de tir en 1786[5]. Bonaparte, qui s'intéressait à son métier, avait tout profit à entrer en relations avec Brackenhoffer et, s'il faut en croire Metternich, il suivit ses cours, sinon peut-être à l'école d'artillerie[6], du moins à l'université.

Or, le collègue de Brackenhoffer à l'école d'artillerie d'Auxonne, où Bonaparte devait rejoindre son régiment, Jean-Louis Lombard,

1. Sa notice dans Ed. Sitzmann, *Dictionnaire de biographie des hommes célèbres de l'Alsace*, Rixheim, 1909-1910, 2 vol. gr. in-8°, t. I, p. 213 (Sitzmann ne mentionne pas moins de sept autres Brackenhoffer). Voir aussi O. Berger-Levrault, *Annales des professeurs des académies et universités alsaciennes, 1523-1871*, Nancy, 1892, gr. in-8°, p. 29.

2. On sait que c'est par l'intermédiaire de Gribeauval lui-même que Bonaparte a obtenu sa seconde prolongation de congé.

3. Jh.-Cl. Descharrières, *Note sur l'école d'artillerie de Strasbourg*, dans J. F. Hermann, *Notices historiques, statistiques et littéraires sur la ville de Strasbourg*, Strasbourg, 1817-1819, 2 vol. in-8°, t. I, p. 281-283 (ancien aumônier du régiment d'artillerie de La Fère — le régiment de Bonaparte — Descharrières était devenu aumônier du collège royal de Strasbourg).

4. Du Teil, *Napoléon Bonaparte et les généraux Du Teil (1788-1794)*, Paris, 1907, in-8°, p. 14 (extrait de *Une famille militaire au XVIII° siècle*).

5. Descharrières, *loc. cit.*

6. Comme semble l'indiquer Metternich ; mais nous n'avons pas trouvé d'indications précises sur l'école d'artillerie de Strasbourg à cette date. Le seul registre matricule du corps d'artillerie attaché à l'école (conservé aux Archives nationales, F. 40, 11, 2038) est d'une époque postérieure. Le futur législateur et conventionnel Arbogast y était devenu professeur, après Brackenhoffer, quand la Révolution commença.

était, lui aussi, un Strasbourgeois, et du même âge, à un mois près, étant né le 23 août 1723. Professeur à l'école d'artillerie de Metz depuis 1748 comme successeur de son beau-père, il avait été transféré à Auxonne en 1759, où il mourut le 1er avril 1794[1]. Brackenhoffer et Lombard étaient liés de longue date; Lombard avait en 1766 fait partie de la commission de Strasbourg. Quand Bonaparte arriva à Auxonne, il fut immédiatement accueilli en ami par Lombard. Les érudits locaux ont repéré avec soin les domiciles successifs de Bonaparte à Auxonne : il semble bien qu'il commença par habiter rue Vauban, chez Lombard lui-même, avant d'être logé à la caserne comme les autres officiers de son grade[2].

Dès le 8 août 1788[3], Bonaparte fut nommé membre d'une commission de tir avec Lombard, son chef de brigade, trois capitaines et trois autres lieutenants. Ce fut lui qui eut à rédiger le rapport sur les expériences de polygone, peut-être, comme on l'a dit, parce qu'il était le plus jeune, peut-être aussi parce que la bienveillance de Lombard voulait lui réserver une occasion de se faire bien noter, après sa longue absence de près de deux ans. Bonaparte profita de l'amitié de Lombard et compléta, grâce à lui, son instruction technique. Lombard était un savant de valeur; il avait « ce coup d'œil juste, ce tact délié qui servent à porter des hommes un jugement sûr » : « Ce jeune homme ira loin », disait-il de Bonaparte[4]. Et quand, en 1802, un ami de Lombard, publiant la biographie du vieux professeur, révéla que sa fille était sans ressources, le Premier Consul s'empressa d'accorder à Mlle Lombard un secours de 1,500 francs[5]. Les relations de Bonaparte et de Lombard sont bien connues, mais il est permis de supposer qu'elles ont été, à l'origine,

1. C.-N. Amanton, *Recherches biographiques sur le professeur d'artillerie Lombard*, Dijon, an XI-1802, 48 p. in-8°, opuscule utilisé et complété ultérieurement, entre autres par Hermann, *Notices*, t. I, p. 283-284; Chuquet, *la Jeunesse de Napoléon*, t. I, p. 340 et suiv., 477; Du Teil, *op. cit.*, p. 17-20; Bois et Cornereau, ci-après.

2. M. Bois, *Napoléon Bonaparte lieutenant d'artillerie à Auxonne*, Paris (1898), in-16, p. 33; A. Cornereau, *Une supercherie de l'histoire d'Auxonne : la Chambre de Bonaparte*, Dijon, 1904, 34 p. in-8° (extrait des *Mémoires de la Société bourguignonne de géographie et d'histoire*), p. 10, n. 1; conclusions adoptées par Schuermans, *Itinéraire*, p. 6, auparavant contestées par Chuquet, *la Jeunesse de Napoléon*, t. II, 1898, p. 312.

3. Cette date est la première qui atteste authentiquement le retour de Bonaparte à son régiment; les deux lettres qu'il a, paraît-il, écrites en Corse, mais qui portent la signature de sa mère, sont du 12 février (Ajaccio) et du 12 avril 1788 (sans indication de lieu).

4. Amanton, *Lombard*, p. 27 et suiv.

5. Amanton, *Observations*, p. 8, n. 2.

facilitées par la recommandation de Brackenhoffer à Lombard. En 1788, Bonaparte a connu la douceur de la sociabilité alsacienne ; il est comme entouré de Strasbourgeois et il ne quitte Strasbourg que pour retrouver, à Auxonne, une famille alsacienne et lorraine, strasbourgeoise et messine.

***

Mais Bonaparte avait l'esprit curieux et ouvert. Puisqu'il suivait à l'université le cours de mathématiques, pourquoi n'aurait-il pas suivi également le cours d'histoire ? D'autant plus qu'il était de tradition à Strasbourg d'enseigner l'histoire de la manière la plus large et la plus vivante. Les Alsaciens étaient devenus en France les intermédiaires et les initiateurs de l'Allemagne ; les arcanes de la constitution du Saint-Empire n'avaient point de mystères pour eux [1]. A l'université protestante de Strasbourg s'était constituée, vers la fin de la guerre de Sept ans, avec le savant Schoepflin et l'appui de Choiseul qui y avait envoyé des élèves de l'école militaire de Paris, une véritable école des sciences politiques, unique en Europe, qui était devenue de plus en plus florissante et où venaient s'instruire les futurs diplomates et hommes d'État de France, d'Allemagne, de Pologne, de Russie, de Scandinavie et de tous les pays [2]. Metternich était de ceux-là, avec nombre d'autres « jeunes gens de condition » devenus célèbres. Ils étudiaient le droit public et le droit des gens, l'histoire des traités et l'histoire politique, les antiquités et les belles-lettres, les mathématiques et l'art des fortifications. Koch, professeur à la Faculté de droit, les groupait autour de sa chaire [3]. Plus tard, Schoell, l'élève de Koch, Schnitzler, d'autres encore, devaient, au début du xixe siècle, continuer la tradition des grands publicistes strasbourgeois. A la faculté de philosophie de l'université, la chaire d'histoire était d'ordinaire occupée par le même titulaire que la

---

1. Voir B. Auerbach, *la France et le Saint-Empire romain germanique*, Paris, 1912, in-8°, p. ix, x, 242, 368, 372 et suiv., 444.
2. Ch. Pfister, *Jean-Daniel Schœpflin*, Nancy, 1887, p. 73.
3. Koch, *Discours sur l'ancienne gloire littéraire de la ville de Strasbourg*, prononcé à la séance publique de la Société des sciences, agriculture et arts du département du Bas-Rhin le 17 juillet 1809, Strasbourg, 1809, 23 p. in-8°, p. 18-20. Parmi les « jeunes gens de condition » qui étudiaient à Strasbourg en 1785, 17 et 1787, Koch dénombre : quarante-quatre Russes et Livoniens, vingt-trois Anglais et Écossais, dix-sept Allemands, Flamands et Autrichiens, seize Français, onze Danois et Suédois, cinq Polonais et Courlandais, trois Italiens et deux Espagnols ; et il donne les noms de Cobenzl, Tolstoï, Galitzine, de Montgelas, de Bourgoing, de Narbonne, de Ségur, de Tracy, de Custine, d'Argenson, de Grouchy, de Rayneval, Bignon, Otto, etc.

chaire d'éloquence latine, et le professeur en exercice était en 1788 Jean-Michel Lorenz [1].

Il était né la même année que Brackenhoffer et Lombard, en 1723, le 31 mai, d'une famille universitaire : son père et son frère furent professeurs de théologie. Il jouissait d'un canonicat à Saint-Thomas [2], il était conservateur de la bibliothèque de la ville et de l'université et il fut pendant une trentaine d'années chargé du discours d'apparat aux cérémonies officielles de l'anniversaire du roi. Les paroles qu'il prononça en 1781 pour célébrer le centenaire de la réunion de Strasbourg à la France sont restées célèbres : « Enfin, la fille est rentrée dans les bras de sa mère qui l'avait perdue; en un jour, en une heure, toutes les craintes, les frayeurs, les misères de tous les siècles étaient à jamais bannies. » Lorenz était profondément Français, et tout son enseignement le prouve, depuis sa thèse inaugurale en 1748, où il prouvait avec autant de force que d'érudition critique les anciens droits de la couronne royale sur la Lorraine [3], jusqu'à son précis d'histoire de France en quatre volumes publiés de 1790 à 1793 [4], « fruit d'une vingtaine d'années d'application [5] », où il mène son exposé jusqu'aux journées les plus récentes et à l'exécution de Louis XVI, de sorte qu'il se trouve être le premier en date des historiens de la Révolution française.

A la vérité, il n'en donne qu'un sommaire, complété par des références documentaires soigneusement établies, et, pour le faire aussi

1. Les deux principales notices sur Lorenz sont celles d'Oberlin (*Magasin encyclopédique* ou *Journal des sciences, des lettres et des arts*, publ. par A.-L. Millin, 7ᵉ année, t. VI, Paris, an IX-1801, p. 220-224) et de Baumgarten (*Allgemeine Deutsche Biographie*, t. XIX, 1884, p. 179-180). La première est apologétique, la deuxième aigre-douce et dénigrante; aucune ne paraît suffisante.

2. La prébende lui servait de traitement. Ceux de ses collègues qui n'étaient pas dans son cas touchaient les rétributions des étudiants (E. Seinguerlet, *Strasbourg pendant la Révolution*, Paris-Nancy, 1881, in-8°, p. 282).

3. *Dissertatio juris publici de antiquo Coronae Gallicae et Carolingorum Franciae regum in Regnum Lotharingiae jure*, Argentorati, 1748, in-4°, 56 p., avec un tableau généalogique. Dans son *Proœmium*, p. 3, Lorenz constate que « illi qui in Germania scribunt, a Gallicis scriptoribus tantum dissentiunt, ut aër et cœlum utriusque regni non tam diversa sint quam historicorum utriusque partis in hac lite sententiae » et il indique, p. 4, dans quel esprit il étudiera la question qu'il s'est posée : « Omnia veritatis studio dedi, nec etiam pietati in Galliam cujus tam felici regimur imperio plus indulsi, quam ipsa rei veritas et optimae causae merita requirebant. » Il termine, p. 56, par l'éloge de Louis XIV et Louis XV.

4. *Summa historiae Gallo-Franciae civilis et sacrae*, Argentorati, 1790-1793, 4 vol. en deux tomes in-8°.

5. Koch, *Discours* cité, p. 16.

clair, impartial et précis que possible, il l'a composé en forme de tableau synoptique, avec divisions et subdivisions marquées par un jeu compliqué de chiffres et de lettres dont le mécanisme général est aussi simple qu'ingénieux. Ainsi, chaque fait se trouve tout ensemble en relations avec les autres et isolé jusque dans la typographie, qui sert à frapper l'œil de l'élève et stimuler sa mémoire[1]. Faute de s'en être avisé, le plus récent des critiques de Lorenz[2] lui reproche d'avoir écrit « en style lapidaire dans le sens propre du mot » et condamne sommairement le « pédantisme » de sa manière « plus curieuse qu'instructive ». Du moins reconnaît-il qu'avec Lorenz « l'histoire de la Révolution, pendant la Révolution même, fut coulée, toute brûlante encore, dans le moule classique, même dans le moule latin ». Car Lorenz ne séparait pas les questions contemporaines de l'étude du passé; il poussait son cours d'histoire jusqu'à l'extrême limite de l'actualité et, d'accord avec Koch, il prétendait ainsi donner à son enseignement une signification pratique.

Il avait dans ses notes la matière de sept enseignements[3] : Insti-

1. Résumé du plan suivi par Lorenz pour le règne de Louis XVI : I. Son gouvernement personnel jusqu'en 1789; à l'intérieur; à l'extérieur. II. Affaires du roi et du royaume depuis 1789; le nouvel ordre de choses. *A)* Il est décidé en principe (abolition des droits féodaux, déclaration des droits). *B)* Il est décidé en détail : *a)* dans l'ordre civil; 1° pour les délimitations extérieures (annexions, réunions), intérieures (nouvelles circonscriptions territoriales); 2° pour la forme de gouvernement : la souveraineté (appartient au peuple, est confiée à l'assemblée et au roi); 3° pour l'administration (centrale, locale, cette dernière considérée au triple point de vue général, judiciaire et militaire); *b)* dans l'ordre ecclésiastique (les suppressions, les créations). *C)* Le nouvel ordre de choses est admis par le roi, d'abord avec réserves, puis sans réserves. *D)* Il est maintenu : 1° contre les étrangers; 2° contre le roi qui est renversé, emprisonné, jugé, condamné et exécuté : la France est devenue République (l'exposé même ensuite jusqu'en mars 1793). — Chacun des mots de cette analyse constitue une rubrique qui comporte elle-même de nouvelles subdivisions. Le cadre établi par Lorenz pourrait aujourd'hui être transféré presque sans modification dans un manuel scolaire d'enseignement historique et il est assez souple pour que l'exposé puisse devenir, suivant l'opportunité, de plus en plus détaillé. Il est plus scolastique et compliqué en apparence qu'en réalité et son principal défaut est de nécessiter une disposition typographique d'aspect singulier.

2. Aulard, *les Premiers historiens de la Révolution française* (*Révolution française*, t. LVII, 1909, II, p. 25-27). La reproduction donnée du passage relatif au procès de Louis XVI « avec l'aspect et la disposition de l'original » se trouve inexacte, puisque les signes qu'utilise Lorenz pour marquer ses alinéas ont tous été supprimés.

3. D'après les programmes académiques de seize semestres échelonnés de 1769-70 (semestre d'hiver) à 1792 (semestre d'été) que M. R. Reuss a pris la peine de transcrire à notre intention dans sa collection d'alsatiques. — Nous

lutions romaines, Histoire des premiers siècles de l'Église, Histoire universelle, Histoire des principaux États de l'Europe, Histoire du Saint-Empire, Histoire de France, Histoire de Strasbourg. Les institutions romaines étaient réservées au « cours public », l'histoire de l'Église oscillait du « cours public » au « cours privé », les cinq autres enseignements se succédaient au « cours privé », sans ordre précis, de semestre en semestre, suivant les circonstances. La seule règle était que le professeur fît à la fois son « cours public » et son « cours privé ». Il lui arrivait d'annoncer à son programme qu'il parlerait de tel ou tel sujet, suivant le désir de ses étudiants[1], en enseignant et en expliquant, *dictando et explicando*. Le « cours public » constituait l'enseignement magistral, le « cours privé », d'allure plus simple, n'était pas sans analogie avec nos conférences actuelles de facultés. Et toujours Lorenz s'en référait aux textes originaux. Sa science était de première main.

A l'université de Strasbourg, dans la seconde moitié du XVIIIe siècle, les « cours publics » se font en latin « pour que les étudiants des différentes nations puissent y assister », mais « les professeurs enseignent dans leurs cours privés au gré de leurs auditeurs en langue latine, française ou allemande, ce qui leur attire des jeunes seigneurs de différents pays[2] ». Ceux qui savaient le français venaient à Strasbourg pour se familiariser avec l'allemand, ceux qui savaient l'allemand pour se familiariser avec le français. Lorenz « parlait très bien le latin, mais ne savait pas l'allemand[3] ». Il s'était en effet formé à Strasbourg même, sous Schoepflin, comme Koch, puis à Utrecht et à Paris, et il ne semble pas avoir jamais séjourné en Allemagne. Nombre de ses collègues strasbourgeois sont dans le même cas que lui[4].

---

laissons ici de côté l'enseignement de Lorenz comme professeur d'éloquence latine. Notons seulement qu'il avait une prédilection pour Cicéron.

1. Par exemple, le programme du semestre d'été 1779 porte que le professeur traitera de l'histoire du Saint-Empire, mais qu'il ne refusera pas ses bons offices à ceux qui voudraient étudier les principaux États d'Europe ou l'histoire ancienne de l'Église chrétienne.

2. Mémoire manuscrit du chapitre de Saint-Thomas en 1790 cité par C. Varrentrapp, *Die Strassburger Universitaet in der Zeit der französischen Revolution* (Zeitschrift für die Geschichte des Oberrheins, nouvelle série, t. XIII, Carlsruhe, 1898, in-8°, p. 448-481), p. 452, n. 1; indications identiques dans J. F. Aufschlager, *Souvenirs d'un vieux professeur strasbourgeois (1766-1833)*, publ. par R. Reuss, Strasbourg, 1893, in-16, p. 40.

3. Aufschlager, *Souvenirs*, p. 11.

4. H. Ludwig, *Strassburg vor hundert Jahren, ein Beitrag zur Kulturgeschichte*, Stuttgart, 1888, in-8°, p. 111, calcule que de 1621 (date de l'érection

On a souvent noté la ressemblance et les relations entre l'université de Strasbourg et l'université de Gœttingue[1], dont la création en 1737 a été la première qui ne fût pas confessionnelle en Allemagne et qui dès son origine a donc été d'esprit purement scientifique ; on a cru discerner, germaniquement, une influence de Gœttingue sur Strasbourg. L'affirmation contraire ne serait-elle pas plus conforme à la vérité ? L'université de Strasbourg était protestante, il est vrai, mais elle avait des étudiants catholiques aussi bien que protestants et elle éclipsait depuis longtemps l'université catholique épiscopale qui végétait à côté d'elle, malgré le mérite de quelques-uns de ses professeurs, alors qu'au contraire, dans le reste du royaume de France, l'enseignement jésuite avait tué les anciennes universités. La situation de l'université protestante de Strasbourg était unique en France, et bien connue en Allemagne, avant même que l'université de Gœttingue eût été créée.

Et l'incorporation de Strasbourg à la France, « loin de nuire à la célébrité » de l'université protestante, « ne fit au contraire que lui prêter un nouvel éclat » ; Strasbourg « devint une sorte d'entrepôt au moyen duquel deux grandes nations, cultivant également les lettres et les arts, pouvaient se communiquer réciproquement leurs découvertes[2] ». Le mémoire que le professeur Haffner a rédigé au nom de l'université de Strasbourg pour sa défense, lorsque sous la Révolution il fut question de supprimer les anciens corps enseignants, mérite encore aujourd'hui d'être lu et médité[3]. Le testament de la vieille université alsacienne pourrait, à bien des égards, servir de guide à l'époque actuelle. Sans doute, Haffner vante « l'organisation des universités les plus célèbres d'Allemagne[4] » et la « supériorité frappante » de Gœttingue[5], « petite ville située dans un triste pays », où l'on avait « la certitude de trouver des hommes excellents en tous genres », mais c'est qu'il veut faire ressortir, et avec raison, la

de l'académie de Strasbourg en université) à 1789, sur 129 professeurs, 105 sont nés à Strasbourg et y ont été formés.

1. Par exemple, Ludwig, *loc. cit.*; Varrentrapp, p. 450.
2. Koch, *Discours* cité, p. 14 et suiv.
3. Haffner, *De l'éducation littéraire, ou essai sur l'organisation d'un établissement pour les hautes sciences*, Strasbourg, 1792, in-8°, v-343 p. — Voir dans Guillaume, *Procès-verbaux du Comité d'instruction publique de la Législative*, p. 184, n. 2, la lettre d'envoi de l'université à l'Assemblée (cf. p. 294). — Cf. Reuss, *Histoire du Gymnase protestant de Strasbourg pendant la Révolution*, Paris, 1891, in-8°, p. 48, n. 1 : le livre de Haffner « est encore aujourd'hui fort intéressant à étudier et renferme des idées très avancées pour l'époque où il fut rédigé ».
4. Haffner, p. 17.
5. Id., p. 35.

situation si particulièrement originale de Strasbourg en France :
« Il faut bien se garder de confondre l'université de Strasbourg avec la plupart de ses sœurs aînées établies dans l'intérieur de la France[1]. »

Le professeur Lorenz, en raison même de ses sentiments français, restait Strasbourgeois dans l'âme; il travaillait à l'histoire de sa ville natale et il en a composé un important recueil dont une partie seulement a été publiée en 1789; il l'inscrivait au programme de ses « cours privés » et c'est en français qu'il l'enseignait, au même titre que l'histoire universelle et l'histoire politique.

*
* *

Bonaparte a suivi les cours de Lorenz. Parmi les étudiants qui achevaient leur cours d'étude quand il arriva à Strasbourg, se trouvait un jeune théologien qui a rédigé plus tard son autobiographie sous le titre de *Meine Lebensreise* : le voyage de ma vie[2]. Louis Grucker, né le 25 août 1766 à Strasbourg, avait été immatriculé à la faculté de philosophie le 22-23 avril 1783 et, après six ans d'études, il prit ses inscriptions à la faculté de théologie, le 6 mai 1788[3], pour obtenir, le 6 août 1788, la *venia in matutinis* ou licence d'officier aux petits services du matin (à Saint-Pierre-le-Vieux). Il servit comme pasteur auxiliaire à Strasbourg et aux environs jusqu'au 13 janvier 1793, date de sa nomination à Oberbronn et Zinswiller[4]. Réfugié à Strasbourg après de multiples aventures au cours desquelles il fut condamné à mort par un conseil de guerre ennemi pour ses paroles patriotiques, il obtint, le 24 décembre 1793, une place de sous-chef de bureau à l'état civil de Strasbourg. La crise révolutionnaire terminée, il reprit ses fonctions pastorales et en 1809 il fut nommé à Entzheim[5]. C'est là qu'il rédigea ses mémoires d'après ses papiers et ses notes, de sorte qu'il a pu leur donner toute

1. Haffner, p. 328.
2. Conservé dans ses archives de famille par M. le pasteur Charles Schmidt, à qui nous présentons l'expression de notre gratitude, ainsi qu'à M. Rodolphe Reuss, dont l'aide nous a été si précieuse, et à M. Ernest Roussel.
3. Cf. G. C. Knod, *Die alten Matrikeln*, t. I, p. 166, 454 et 699.
4. Deux villages voisins du Bas-Rhin (arrondissement de Wissembourg, canton de Niederbronn). Voir *les Communes de l'Alsace-Lorraine, Répertoire alphabétique. Nomenclature française et nomenclature allemande*, Paris-Nancy, 1915, in-8°.
5. Département du Bas-Rhin, arrondissement de Strasbourg, canton de Geispolsheim.

l'exactitude désirable. La dernière date qu'il indique est du 6 décembre 1826 : il mourut peu après.

Or, en relatant ses souvenirs d'étudiant, qu'il avait particulièrement nombreux et précis, il note qu'un après-midi de semestre d'été, à la fin d'une leçon de Lorenz, il avait tellement de fourmis dans le pied qu'il ne pouvait plus s'en aller et que la même aventure survint aussi à un autre étudiant, lequel n'était autre que Napoléon Bonaparte : « Zu H. Prof. Lorentz kam auch mit mir Buonaparte Napoleon, als Student, dem wie mir in einer Sommernachmittagsstunde die Füsse einschliefen, so dass wir nicht fortgehen konnten. »

Le témoignage paraît décisif et, joint aux autres indices ou éléments de preuve qui viennent d'être groupés, il semble devoir emporter la conviction. Que le séjour de Bonaparte à Strasbourg soit resté si longtemps ignoré ou oublié, rien de moins surprenant. Bonaparte était jeune, sans fortune, sans relations; il a passé inaperçu, si même il n'a pas délibérément voulu l'être, puisqu'aussi bien il était censé revenir directement de Corse pour rejoindre son régiment. Brackenhoffer, le seul professeur dont vraisemblablement il ait pu se faire remarquer, était mort au début de la Révolution. La question reste ouverte et réclame des informations complémentaires, notamment sur la date qu'il faudrait pouvoir préciser. Mais, dès maintenant, il n'est peut-être pas présomptueux de conclure qu'après Gœthe et avant Metternich, Napoléon a été étudiant à Strasbourg. Ainsi, la vieille Université protestante de l'Alsace française a pu contribuer à la formation des trois hommes qui, pendant un siècle, ont successivement incarné, chacun à sa façon, l'Europe cosmopolite d'ancien régime, la Révolution française et la régression germanique.

www.ingramcontent.com/pod-product-compliance
Lightning Source LLC
Chambersburg PA
CBHW070459080426
42451CB00025B/2799